Aquí estoy, Madre Tierra

Poemas y cantos de una mujer en su floreSER

María Milagros Kowalski Alvarado

EDITORIAL
MA'AM

Edición: Saray De Andrade

Diagramación: Allan Tépper

Ilustración: Rayma Suprani

Portada, lomo y contraportada: Andreína Ascanio Toro

ISBN del libro impreso: 979-8-9884359-1-4

ISBN del libro electrónico: 979-8-9884359-2-1

«Con semillas en las manos como riqueza
Así llegaste a tu nueva tierra
Que espera para que te siembres
Para emprender un nuevo camino.

Esta soy yo
Rica porque soy hija de mi Padre y bella porque soy
hija de mi Madre»

María Milagros Kowalski Alvarado

AGRADECIMIENTOS

Al maravilloso Universo, Dios Padre y Madre creadora. A mis ancestros, mi familia de sangre y a la gran familia con quienes he venido compartiendo la Vida. A mi hijo Ignacio que me cambió la Vida con su llegada.

A Saray De Andrade por haberme acompañado en el proceso de editar este libro con tanto amor y profesionalidad. A Rayma Suprani por verme y por querer ser parte de este primer libro con sus hermosas ilustraciones. A Fefi Toll, siempre impulsando a que compartamos desde el alma. A Allan Tépper por su apoyo en cada uno de mis lanzamientos. A María Teresa Alvarado por su apoyo en revisar el manuscrito. A Andreina Pradas por su corazón.

A la Madre Tierra por llamarme a retornar a ella y quien me acogió durante los momentos más difíciles de mi Vida y me condujo a las enseñanzas originarias para recordar el origen, mi origen, nuestro origen. A Carmen Vicente, mujer medicina Directora de la Escuela de Secretos a la que pertenezco, por su humor, sabiduría y enseñanzas.

A todas las personas que me han apoyado, en especial a Yolanda Mozota quien me dio la mano durante la noche oscura del alma. A Tibisay La Cruz por sus sabios consejos. A mis queridos Rocío Sarmiento y Erich Hentschel por abrirme las puertas de La Chakana para darle espacio a mi mujer medicina para explorar y crecer.

A Carlos Ochoa por su amor incondicional y amistad.

También quiero agradecerte a ti que me lees, que te ayude a viajar más cerca de ti y te inspire a vivir tus sueños.

Gracias de todo corazón,

María Milagros

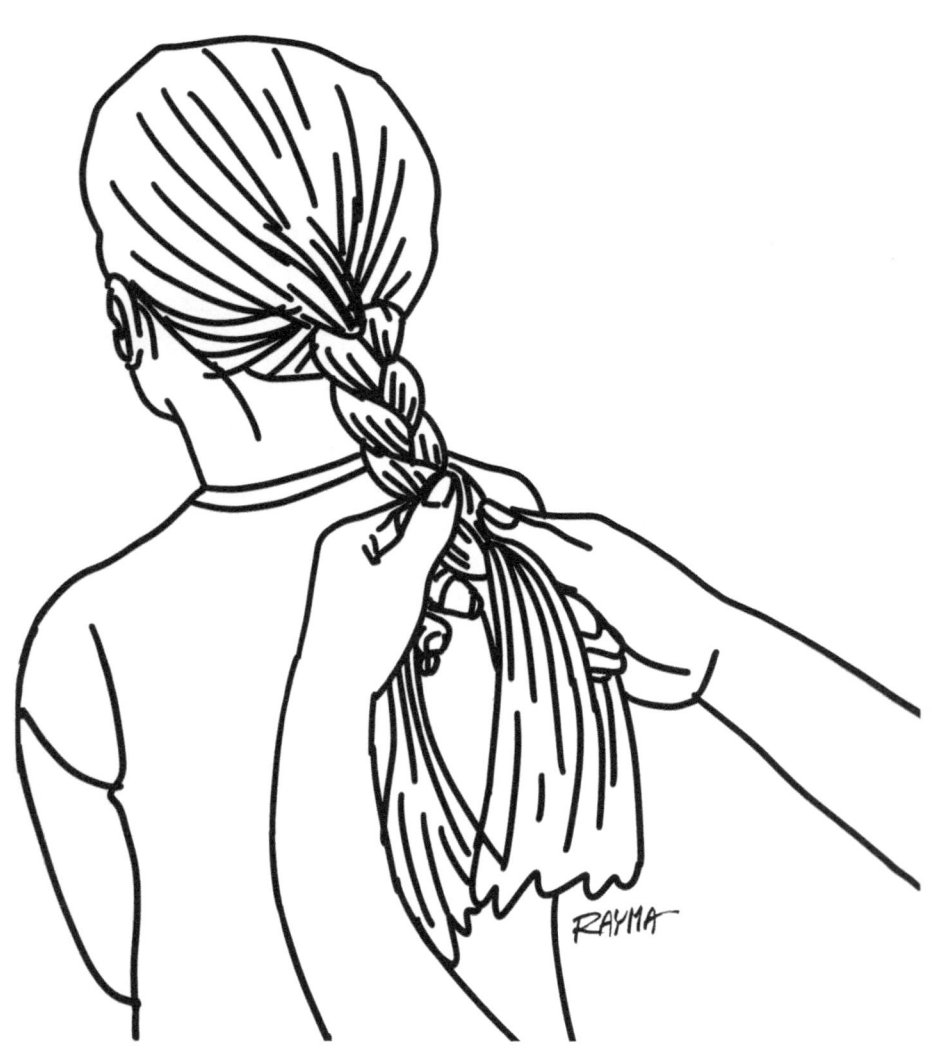

Dedico este libro a los sagrados elementos por la relación que hemos creado y por la que aún seguiremos creando.

A todas las mujeres, las que vinieron antes, las que están aquí y las que vendrán.

En especial a mis sobrinas Miranda y Manuela, mi gran inspiración para compartir mi camino y así puedan tener mi mapa de reencuentro con la Tierra.

PREFACIO

Escribir ha sido y es una de las mejores maneras que he tenido para entenderme, para hacer alquimia de mis sentimientos y mis procesos. Desde hace muchos años he querido escribir libros, pero no ha sido hasta el 2023 que he decidido que ya era el tiempo de hacerlo. Este libro realmente se empezó a escribir hace muchos años pues es una recopilación de poesías, cantos y cuentos cortos que he ido escribiendo desde el 2004.

Mirando hacia atrás puedo entender que estas palabras eran una manera de ayudarme a retornar a mí, de recordarme el camino a casa. Hace poco entendí que mi inmensa búsqueda espiritual era mi manera de encontrar a mi tierra. Vivir lejos de mi país Venezuela desde el año 1992 me generó un inmenso desarraigo y es la Tierra la que nos da el poder, la pertenencia, la conexión con la Vida.

He caminado siempre buscando cuál es mi lugar, en dónde puedo sembrarme como una semilla y echar raíces. He logrado sentirme en casa a donde voy, pero siempre dentro de mi corazón ha existido esa añoranza por mi país, por mi tierra, por mi bella Venezuela. Sin embargo también era una añoranza aún más profunda, un regresar a la Madre Tierra, a sus enseñanzas, a la conexión espiritual con ella, a recordar que soy su hija y que ella es mi madre y mi maestra.

Así mismo, al volver a esa conexión espiritual había una búsqueda de ser auténticamente la mujer que soy, un llamado de regresar a mi verdad, a mi autoestima, a mi coherencia para entender quién soy y para donde voy. Por mi crianza judeo-cristiana siempre tuve la idea que Dios era un hombre y crecí sin jamás pensar que la divinidad también tenía un aspecto femenino. Mi consciencia me ha ido llevando de la mano para adentrarme en este universo femenino, que me ha llevado a un crecimiento y también a una conexión placentera con mi cuerpo, mis emociones y mi feminidad.

Ya llegué a ese lugar en donde me siento en casa y posiblemente es por eso que también ya puedo escribir este libro y compartirlo contigo.

Quiero dedicar este libro a las mujeres que no solo han emigrado a otros países pero que han sido inmigrantes de su propia esencia, de su propia verdad y de su cuerpo.

Este libro está dedicado a todas las mujeres, a las ancestras, a las que están aquí ahora y a las que vendrán, para que puedan vivir en placer, expansión, seguras y libres para ser quienes son. Que puedan expresar su verdad, que tengan el espacio para explorar y encuentren ese camino de regreso a casa. Deseo que todas las mujeres vivan en abundancia plena.

María Milagros

Capítulo 1
TIERRA

TiERRA

«Cuando entramos en ceremonia sintonizamos con el lenguaje de la Madre Naturaleza»

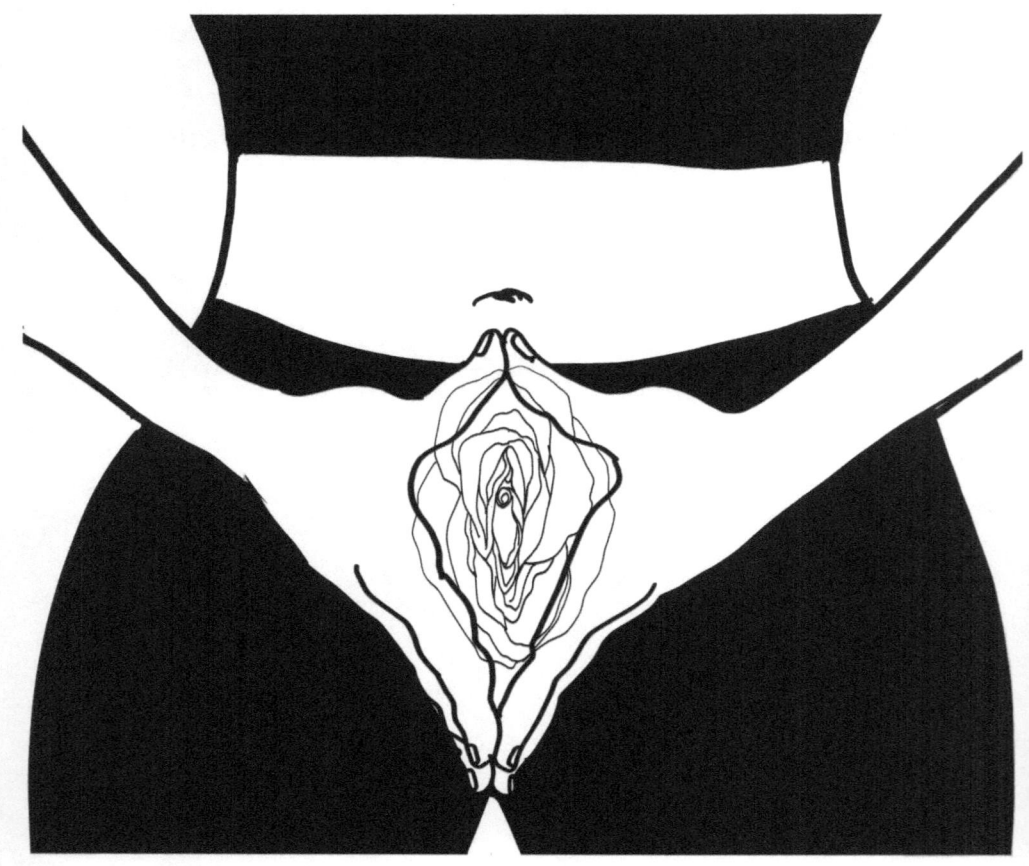

1
VULVA

Eres mía
Eres bella
Eres la puerta y eres la llave
Eres misterio que quiere revelarse
Eres invitación
Y fruta madura
Eres y soy
Soy y eres
Tienes rabia y tienes dolor
Tienes miedo y tienes amor
Tienes vergüenza y también deseo
Te han mutilado
En territorios lejanos
Te han abandonado
Y han querido borrar
Pero ahí sigues

Fiel
Sin irte a ningún otro lugar
Tienes voz y eres poder
Eres ventana
Que ahora corre la cortina
Es la hora
Es tu tiempo
Solo mira hacia abajo
Encuentra tu centro
Abre tus piernas
Y respira con ella
Háblale con suavidad
Y amablemente sus pétalos abrirá
Sácala a pasear
Quiere sentir la brisa
Llévala a la playa,
Regálale el sol y el mar
Expláyala en el bosque
Y en lo alto del pinar
Llénala de flores
Y déjala descansar
Ábrele la puerta
Ya que ella quiere entrar
Quiere crecer sus labios
Y sentir orgasmos
Quiere la vergüenza soltar
Y con un estruendoso grito
Explorar el infinito
Y renacer del rayo

Y del trueno
Un mandato divino
Es la hora
Y es el tiempo
Un diluvio se avecina
Porque ya la misma Tierra
Clama al cielo
Una gran limpia
Que cure las heridas
De tantas vulvas apagadas
Y maltratadas
Ella, la vulva, mi vulva
Empieza a sentir el regadío
Del pulso de la Vida
Una nueva Vida para ti
Libre, amada y venerada.

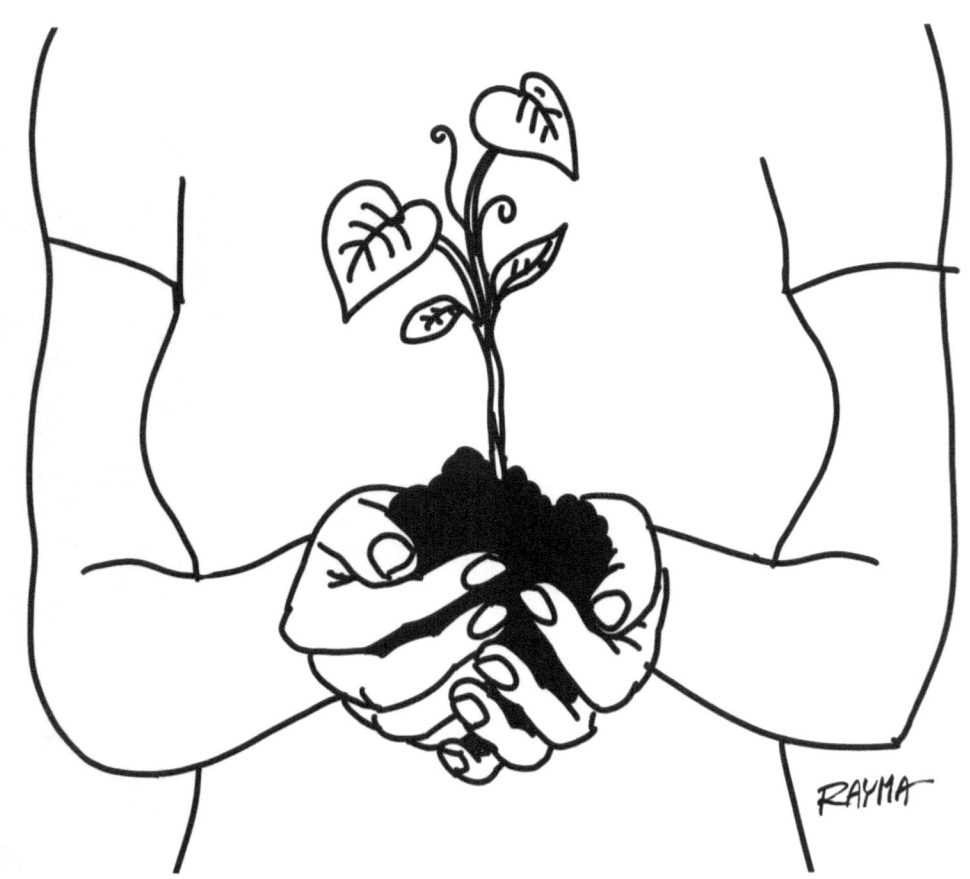

2
SEMILLAS

Semilla que contiene el árbol
Semilla la unión de mi padre y mi madre
Semilla que yo misma soy
He volado por los vientos
Buscando esa tierra fértil para
    sembrarme
Era la búsqueda de mi madre
Era la búsqueda de mi país
Era la búsqueda de mí.

Semillas un milagro
Semillas que brotan a la Vida
Que en ellas latente está.

Mujer semilla y hombre semilla
Allí anida la Vida

Preciado regalo
Soy Tu Semilla de amor aquí en la Tierra
Soy ese Gran Diseño Tuyo
Llevo Tus Genes
Tu Identidad
Llevo Tu Huella
Tu Gracia.

Que llegue ese día en donde también yo
    sea árbol
que florezca, que dé frutos y más
    semillas
Para que Tú y solo Tú seas siempre el
    centro
El encuentro
El refugio
El renacimiento
Y el entendimiento que de Tu Gran Árbol
Brotamos todas las semillas.

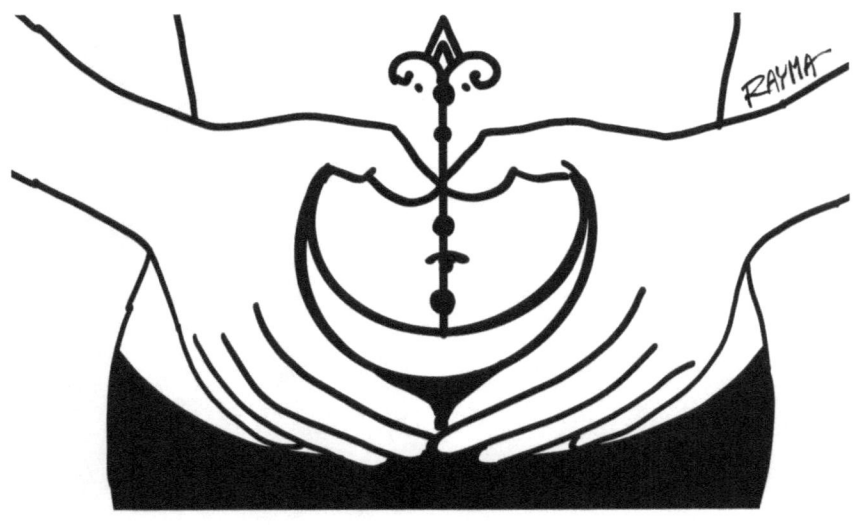

3
RITO DEL ÚTERO DEL MUNAY KI

Mi Útero no es un lugar para guardar miedo o dolor

Mi Útero es para crear y dar luz a la Vida

4
SABANA VIVA
2010

Sabana Viva
muéstrame tus colores
para cantarlos de día
junto a esta melodía
que me acompaña al recordarte
pasión mía.

Sabana Viva
mi ser despierta
ante tal maravilla
arquitectura Divina
cada trozo de tu frágil geografía
mi ser admira
y me obliga
a cantar en armonía
el amor que en mí anida.

Sabana viva
ruges madre salvaje
una furia de amor sagrado en todas
    partes
tu pulso el repiqueteo del tambor
el latido de la Vida que albergas
    galopante y boyante.

Las indígenas tejen
el sentir Amazonía
que por sus poros reverdece
tu melodía Sabana
una poderosa sinfonía
del suave y lento abrir de los pétalos de
    la orquídea
al nacer de tus entrañas
del baile de tus aguas
te recorren como el suspiro
y el gemir del amante
mientras la hierba danza con tu aliento.

Luna madre que a la Sabana también
    cuidas
acuna mis pesares
y dame sueños ligeros
de estrella que los guíe
hasta la otra orilla
donde vuelve a nacer el día
brilla el sol

promesa Divina.

Crecen las flores
que con su aroma
me devuelven a la Vida.

Oh, Sabana mía
siempre viva.

5
SIETE ROSAS
2017

Siete rosas amorosas
de gentil caricia
sutil perfume
amorosa rosa
del corazón rebosa
la joya del amanecer
la perla del placer
el atardecer del deber
para poder ser
rosa amorosa primorosa.

Primordial su caricia en tu rostro
saberte reconocida y escogida por Mí
para ofrendar esta ofrenda sagrada
este sello de gracia

esta aurora Divina
que anima e invita al alma bendita.

6
LLÉVATE TODAS MIS PENAS

Madre Tierra, Madre Tierra
llévate todas mis penas
alúmbrame con tu sol
ámame con tus ríos
elévame con el viento
caliéntame con tu fuego
alégrame con tus flores
inspírame con tus cielos
dame gozo con tus frutos
y así lléname del paraíso
Madre Tierra, Madre Tierra
llévate todas mis penas.

Consiénteme con el mar
y con tus alas llévame a volar
así con perspectiva

me llenaré de paciencia, Madre Tierra
al ver toda tu belleza
crecerá en mí la esperanza
Madre Tierra, Madre Tierra
llévate todas mis penas.

Capítulo 2
AGUA

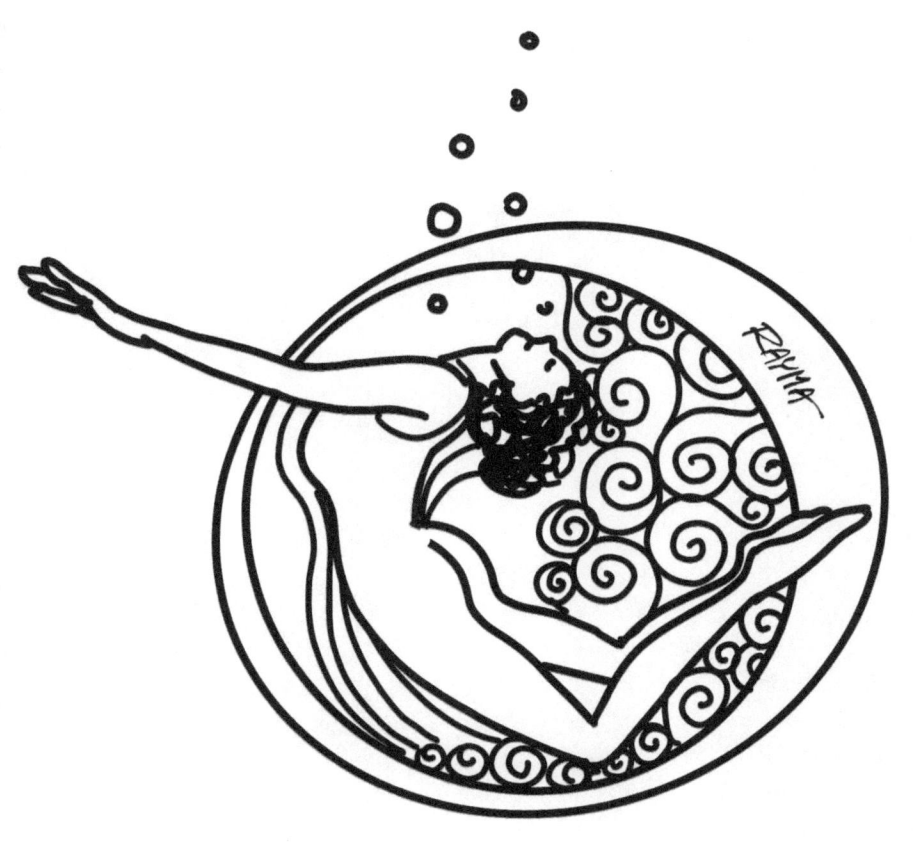

AGUA

Mní wičhóni

El Agua es la Vida,

en idioma de la tribu Lakota de Norteamérica

7
UN NUEVO RÍO NACIÓ

Todas callaron

Guardaron el secreto

Todas se liberaron

Y ella, la primera, se fundió

Con el sol y el fuego

Y todo el árbol sanó

Ella se desvaneció

Entre las rendijas del atardecer

Y la carga de los hombros

De un corazón pesado de secretos

Respiró y cantó.

Un nuevo río nació

Un río de lágrimas silenciadas

Ahogadas en los pliegues de vergüenza

De ser tocada con la misma suerte que
   todas las demás
Río hecho de mujeres, hecho de sus
   lágrimas
hoy son milagros de amor para quien en
   él se baña.

Ella siempre buscó tejer con su dolor
Una manta que arropara a quien llegara
Esa manta es hoy un río que corre libre
Cristalino porque las lágrimas de mujer
Que busca la verdad
Y se atreve a ver
Son las aguas puras de un libre corazón.

Lágrimas, tantas lágrimas atrapadas
Que al brotar lavaron y secaron la llaga
   que supuraba
Un dolor tan grande que en mí anidaba
Ahora lisa quedó la cicatriz cerrada
Como piedra de río lavada
Que hasta brillaba.

¡Ay, si estas piedras hablaran!

8
MIS PECHOS

Mis pechos
Dos montes sagrados
¿Por qué tengo dos y no solo uno?
¿Para qué son mis pechos?
Soy mamífero
Amamanto a mi cría
Me lleno de placer
Cuando mi amante los acaricia y besa
Dos pechos
Dos montes sagrados
Fuente del elixir de la Vida
Naturaleza exquisita
Dos pechos
Dos razones
Dos amores
Dos amantes

Dos que crean tres
Y deseo que derramen leche de nuevo
Que se viertan como ríos
Sobre la tierra
La leche materna sagrada
Un manantial y un caudal de bondad.

9
BENDICIÓN A MIS SENOS

2019

(Invocar mirándote al espejo con tus senos desnudos, acariciándolos suave y tiernamente)

Bendigo mis senos

Ellos son la extensión de mi corazón.

Borro toda memoria de dolor de mis senos y de los senos de todo mi linaje de mujeres y los siembro con semillas de amor.

Agradezco su hermosa labor:

alimentar a la humanidad.

Mis senos son perfecta creación

y se restauran a su diseño original.

Acepto, amo y honro profundamente mis senos.

Aquí y ahora me libero...

Ya soy libre para aceptar mi poder, mi placer y mi belleza tal cual soy.

Invocación co-creada en un círculo de mujeres en Miami Beach.

10
TUS PALABRAS
2010

Tus palabras
una suave piedra arrojada
en el lago apacible de mi alma.
En silencio siento tu oleaje
recorrer mi territorio en todas las
    direcciones
hasta encontrar mi centro
sin resistencia alguna.
Me rindo vencida
en un ritmo afinado con todo lo que
    tú eres
y tú afinado con todo lo que yo soy.
Mientras te ofrezco
en un baile lento
los rayos del eterno sol
de mi *tang tien** encendido.

Si pudiésemos prometernos
me gustaría que tu ternura
y gentileza reposaran
en la amabilidad de mi corazón,
en un lugar seguro
para en un abrazo
siempre permanecer unidos.

*Tang tien: centro vital ubicado debajo del ombligo,
chakra 2.*

11
LA LUNA Y EL MAR
2023

Llegué a tu encuentro
estabas preñada de luz
mis pies se enterraron lentamente en la
    arena
con el ir y venir de las olas
delante de mí un horizonte
de suaves olas iluminadas
el cielo despejado
solo tú brillabas
las olas iban y venían
mi mente en blanco
mi corazón abierto
bebiendo de ese horizonte
que pareció eterno
quería adentrarme
fluir en tu brillo

en las aguas luminosas
esa relación del agua y tu amada luna.

Ayer me hablabas
me invitabas a rendirme
a fluir
a soltar
a confiar
así cuando estás llena
apaciguas las aguas
un descanso
un blanco en la partitura de la creación
un espacio de sosiego
sin lamentos ni alegrías
un equilibrio eterno y perfecto
al que regreso y regresaré
me vi en ese espejo de agua mar
no tenía yo rostro ni género
ni edad ni nacionalidad
era el mar
era la luna
era yo
éramos,
somos belleza
y eterna paz.

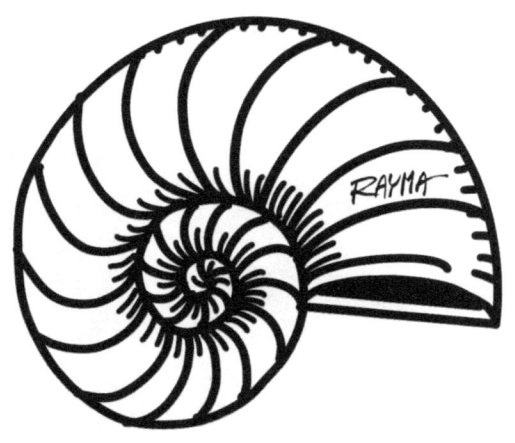

CANTOS QUE NACIERON CON EL AGUA

12
JAGUARCITO DE LA SELVA

Jaguarcito de la selva
Jaguarcito del Amor
Jaguarcito de la selva
Jaguarcito del Amor.

Con tu medicina
Medicina de la luz
Nos das fuerzas
Nos ayudas
A encontrar el corazón.

Jaguarcito de la selva
Jaguarcito redentor
Guardián de la medicina
Jaguarcito del Amor.

Contigo a nuestro lado
Nunca vamos a temer
Jaguarcito tan sagrado
Jaguarcito redentor.

Así Dios te creó
El guardián protector
Agradecemos tanto
Tanto tanto al creador.

Jaguarcito de la selva
Jaguarcito del Amor
Jaguarcito de la selva
Jaguarcito del Amor.

Jaguarcito de la selva
Jaguarcito redentor
Jaguarcito de la selva
Jaguarcito protector.

13
UNA ROSA EN CADA VIENTRE
2023

En cada vientre
Hay una Rosa
Hay una Rosa
Muy amorosa.

En cada vientre
Hay una Rosa
Hay una Rosa
Muy poderosa.

Que está, está floreciendo
El jardín del Edén.

El jardín, jardín del Edén
Está en cada
Cada mujer.

En cada vientre
Hay una Rosa
Hay una Rosa
Muy amorosa.

Vamos honrando
A todos los vientres
De las madres y las abuelas.

Este es el rezo para todas
Aquellas mujeres
Que claman sanar
Van sanando todos sus vientres
Hermanitas, solas no están.

En cada vientre
Hay una Rosa
Hay una Rosa
Muy amorosa.

Van sanando todos los vientres
Vientres sagrados del amor
Vamos borrando memorias antiguas
Que no pertenecen a esta vibración.

Vamos sanando
Sanando vamos
Los hogares de la nación
Cada vientre es la nación

Nación viviente del Creador.

Es el portal más sagrado
Más amado
De la creación.

En cada vientre
Hay una Rosa
Hay una Rosa
Muy amorosa.

En cada vientre
Hay una Rosa
Hay una Rosa
Muy poderosa.

En cada vientre
Hay una Rosa
Hay una Rosa
Muy amorosa.

En cada vientre
Hay una Rosa
Hay una Rosa
Muy poderosa.

14
MUJER DE BARRO

La Mujer de barro
La que Dios creó con Sus Manos
La Mujer de barro
La que Dios creó con Sus Manos.

Esa Mujer de tierra
Esa Mujer de tierra
Que está despertando
Y le habla a tus huesos
Te llama llama llama.

Es la Mujer antigua
La Mujer de barro
Que te pide regresar
Al contacto más íntimo.

El contacto con la Tierra
Con la Creación Divina
Escucha a la Mujer de tierra.

La Mujer de barro
Tiene agua
Tiene fuego
Es la Mujer de barro.

Es la Mujer primera
Que danzó por los prados
Es la Mujer de barro
Sagrado.

Es ella
Está aquí
Está en ti
Está en mí.

15
CADA UNA VA PASANDO SUS PROCESOS

Cada una va pasando sus procesos (bis)

Apoyadas por la Madre Tierra y por las
   estrellas
Cada una va pasando sus procesos

Dejando que fluya el agua
Regando la tierra nueva

Unidas nos damos la fuerza
Para cruzar las fronteras

Y llegará el amanecer
Tras valorar el caminar
Que cada una hasta la fecha ha logrado
   crear

Y el dolor convertirá
Todo lo nuevo que vendrá
Con belleza
Vas floreciendo
Y tus procesos ya sanando están

La la la laira laira laira la

Ve adelante
Que atrás vienen todas
Ellas también necesitan
de esta fuente beber
Para este gran renacer

Esto es una preparación
Para que todas unidas podamos
Crear el puente
De este nuevo sol naciente

La la la laira laira laira la

Tu Madre Tierra
Aquí te apoya
Ella te da toda la fuerza
Tu Madre Tierra
Aquí te apoya
Ella te da toda la fuerza

16
LA CANCIÓN MUSA

Hay una tierra que se alegra cuando
   caminas
con la luz de las estrellas
cuando les muestras tu grandeza
la belleza de ser mujer y sus proezas...

Tú eres hermosa
grande y poderosa
llena de ritmos y aromas
que bailan con amor
al ritmo del corazón.
Tú eres La Musa.

Reconócete
ámate, libérate.
Deja atrás todo dolor

y ábrete al amor.
Sube tu vibración
que llega una nueva visión.

Vamos a bailar unidas
por el camino de la Vida
en la montaña, en el mar y también en la
    ciudad...
Con este baile cambiar
hay que empezar a gozar.

Sube la vibra
que estás viva
si crees en ti
crees en Dios
de todas va a salir.

Reconócete
ámate, libérate.
Deja atrás todo dolor
y ábrete al amor.
Sube tu vibración
que llega una nueva visión.

Coge tu poder si lo perdiste.
Vamos mujer
nunca es tarde
para ser.

Reconócete
amate, libérate.
Deja atrás todo dolor
y ábrete al amor

Deja a Tu Musa brillar
porque hoy empiezas a andar
saca tus caderas a pasear
y pon tu corazón a silbar
busca tu felicidad en tu autenticidad
echa a andar mujer
no hay nada que temer.

Baila como diosa sagrada
Bajo la luna plateada
Recupera tu cuerpo
Cuídalo como un templo
Disfruta de tu sensualidad
Activa tu creatividad.

Reconócete
ámate, libérate.
Deja atrás todo dolor
ábrete al amor.
Sube tu vibración
que llega una nueva visión.
La Musa, La Musa.

Capítulo 3
FUEGO

FUEGO

«Silencio al padre de los fuegos - el Sol»

Carmen Vicente

Un día entendí que el árbol se sacrifica para que
tengamos fuego

17

EL FUEGO DE LOS ABUELOS

Llegaron los abuelos mensajeros
del fuego sagrado
guardianes milenarios
de la semilla que devuelve
la Vida a la Tierra.
Es con Ella que añoro estar
con Ella que da la Vida
la nutre y la sostiene.
Sentarme con Ella es regresar al origen
a la salud y a la Vida
abro mi corazón y escucho
agradezco por esta nueva oportunidad
me sanaron mi cuerpo
regalos me dieron
milagros soy y milagros doy

cuidando de mi cuerpo, mente y corazón
    templo.
La Vida cuido jardinera del amor
canto al agua, a la Vida y a la flor
mi oración con danza
al viento regalo
dulce aroma
vestido de libertad
alas soñadoras que no se cansan de
    volar
con pies en la tierra, pies de barro
mis sueños regresan al origen y así
    empiezo a recordar.

Tatewari (Abuelo Fuego, cultura Wixarika, México)

18
DESCONGELADA

Llegaste en mis sueños
Eras la bella durmiente dentro del
    congelador
Llevabas una rosa en tu pecho
Que sostenías con delicadas manos
Me acerqué hacia ti
Abrí la puerta
Pero decidí dejarte allí
En el congelador.

En el camino me preguntaron por ti
Y contesté:
Ella me mete en problemas
Te temía
Eras mi poder
Mi poder de mujer

Y mi sexualidad
De la energía Divina en mí
Ese caballo
De fuerza primal
que cabalga hacia el infinito
No tenía piso
No tenía tierra
No sabía
No podía
No quería
No entendía
No me conocía.

Como una mujer neandertal
Esperaste en la cueva de hielo
Sabías muy bien
Que mi destino era habitarte
En mis huesos estabas
En mí psique paseabas
Ahora te abro la puerta
Para que dances como la llama del fuego
Que te trajo hasta a mí
Naciste del fuego
Preservada milenios
Cada centímetro de hielo descongelado
Fue agua de lágrimas
Que fueron río que me llevaron hacia mí.

Así vas regresando

Mujer salvaje
Mujer instintiva
Mujer de la Vida
Mujer de la Tierra
Volviendo a confiar
Volviendo a amar
Esa que siempre corría libre por las
    praderas
Hermana de los lobos
Esa que conversa con los árboles
Y descifra los mensajes del viento
La que llama a la lluvia en sequía
La que con un soplo bendice la semilla
Y así con amor brota.

Ella se fue al monte y allá parió
Su propia esencia
Con el sonido del tambor volvió a la Vida
Con los cantos convertidos en tejidos
Que prepararon la manta para tu llegada
Ahora llevas el fuego dentro y jamás
    pasarás frío
Ahora llevas a la tierra en ti y jamás
    pasarás hambre
Ahora escuchas al viento y nunca faltará
    una canción para alegrarte el alma
Ahora llevas el agua en ti
Regando los prados de tu sexo
Floreciendo en orgasmos

Coloreando de caricias tu cuerpo
Sintiendo el pasado detrás
Sin vergüenza que opaque tu mirada
hacia tus sueños.

Con las piezas del rompecabezas
colocadas en armonía
Creaste tu propia sinfonía
Un jardín silvestre
Un microclima
Y allí floreciste
Y ahora solo miras hacia adelante
Escuchando tu interior
Ahora sales a jugar al patio de las
mujeres libres y dueñas de sí
Rica en experiencias
Con un collar de sabiduría
Y zapatos de pasos firmes y siempre
listos para el baile
Te ofrendas
Te amas
Te respetas
Te encantas
Te reconoces.

Con semillas en las manos como riqueza
Así llegaste a tu nueva tierra
Que espera para que te siembres

Con semillas para emprender un nuevo
   camino.

Esta soy yo
Rica porque soy hija de mi Padre y bella
   porque soy hija de mi Madre.

CANTOS QUE NACIERON
AL LADO DEL FUEGO

19
UN NUEVO DÍA
2014

Cuando amanece así de bonito
Canto al sol como los pajaritos
Agradecida con la Vida
Que me regala un nuevo día
Que me muestra la alegría
La maravilla de estar viva
Que me regala una nueva oportunidad
Un nuevo día para brillar.

Cuando amanece así de bonito
Canto al sol como los pajaritos
Agradecida con la Vida
Que me regala un nuevo día
Que me muestra la alegría
La maravilla de estar viva
Que me regala una nueva oportunidad

Un nuevo día para brillar

Un nuevo día para sanar

Un nuevo día para recordar

Un nuevo día para cantar

Un nuevo día para crear

Un nuevo día para amar.

(Mi primer canto que recibí al amanecer después de una noche de rezo y vigilia junto a Carmen Vicente)

20
MUJERES QUEMADAS
2020

Mujeres quemadas jamás olvidadas (bis)
Su Vida entregaron al fuego sagrado
   (bis)
y sus cenizas enterraron
de la Tierra semillas brotaron.

Árboles crecieron que frutos nos dieron
de estas mujeres hoy recordadas
Mujeres quemadas jamás olvidadas (bis)

Ofrenda sagrada
las grandes iniciadas
las guardianas de grandes saberes
de esas raíces bebemos las mujeres
que fuimos sanando con valentía
y recordamos nuestra valía.

Que canten y bailen todas las mujeres
las de ayer, hoy y mañana
enciendan los fuegos en todas partes
y con los carbones pintarnos los ojos
para recordar a las grandes iniciadas.

Este canto se escucha, retumba en la
    Tierra
hoy recordamos a quienes pagaron
con su Vida la sabiduría
que protegieron estas mujeres.

Mujeres quemadas jamás olvidadas (bis)
Ofrenda sagrada
las grandes iniciadas
las que regresaron al Padre Sol
y desde allí nos envían su bendición
rayos que disuelven las tinieblas
para que hoy vuelva a nacer
la diosa en cada mujer.

21
NUEVO VERBO
2020

La mujer es poder y belleza.
La mujer es poder y belleza.

Yo valgo,
Tú vales,
Ella vale,
Nosotras valemos.

Yo valgo,
Tú vales,
Ella vale,
Nosotras valemos.

Conjuguemos este nuevo verbo,
hagamos honor a nuestra misión.

Mujer, tu amor no tiene precio,
pero es de gran valor.

Yo valgo,
Tú vales,
Ella vale,
Nosotras valemos.

Yo valgo,
Tú vales,
Ella vale,
Nosotras valemos.

Cuando despierta, la otra despierta
y todas despertamos.

La mujer ya despertó
y su valor reconoció,
y hoy brilla como el sol en todas partes.

La mujer ya despertó
y su valor reconoció,
y hoy brilla como el sol en todas partes.

Yo valgo,
Tú vales,
Ella vale,
Nosotras valemos.

Yo valgo,
Tú vales,
Ella vale,
Nosotras valemos.

Despertando de este sueño,
del sueño de dolor
y desmerecimiento.
Eso ya se acabó.

¡No más abusos!
Nunca, nunca más.

La mujer hay que valorarla.
Ella ya recordó y jamás lo olvidará,
por las niñas que vienen detrás
y por toda la humanidad.

Yo valgo,
Tú vales,
Ella vale,
Nosotras valemos.

Yo valgo,
Tú vales,
Ella vale,
Nosotras valemos.

Conjuguemos este nuevo verbo,
hagamos honor a nuestra visión.
Mujer, tu amor no tiene precio,
pero es de gran valor.

Útero sagrado.
Todos unidos pariendo un nuevo mundo.

Nuevos caminos,
nuevos hogares,
nuevos campos llenos de flores,
niños y niñas bien cuidados,

La mujer que sabe su valor
ya por estas calles está,
danzando su oración.
Creadora de este nuevo mundo de amor,
de belleza y de creación.

Esa es la mujer de hoy
porque ya despertó
esta nueva humanidad que ella parió.

Yo valgo,
Tú vales,
Ella vale,
Nosotras valemos.

Yo valgo,
Tú vales,
Ella vale,
Nosotras valemos.

22
JARDÍN DEL EDÉN

Las puertas del Edén
abiertas están
de par en par
para que todas mis hijas puedan jugar.
Las puertas del Edén
abiertas están
de par en par
porque de mi inmenso Amor
tengo todo para dar.

Nunca impuse castigo alguno
las lágrimas no eran parte de mi plan
vengan al Edén amadas hijas
aquí esperando estoy.

Las puertas del Edén

abiertas están
de par en par
para que todas mis hijas puedan jugar.
Las puertas del Edén son anchas
como el inmenso Amor
que las vuelve a llamar a casa.

Mientras creamos la Nueva Tierra
vengan a juntarse para jugar
todos los frutos de la alegría, el Amor y
    las sonrisas
los pueden hoy cosechar.

Nadie podrá interponerse entre nosotros
porque inmenso es mi Amor
y mi Voluntad
que abre todas las puertas de par en par
para que mis hijas vuelvan a jugar.

Vengan hijas a jugar.

23
MEDICINA DEL AMOR

Soy la medicina del amor
Soy la medicina del perdón
La que sana el dolor
E Ilumina el corazón.

Con dos alas grandes
Vuela iluminado
Corazon valiente renovado
Con su canto dulce
Va volando
Abriéndose al amor.

Sin ataduras al pasado
Va danzando liberado
Y cantando ilusionado
Despertando enamorado.

Soy la medicina del amor
Soy la medicina del perdón
La que sana el dolor
E Ilumina el corazón.

Capítulo 4
AIRE

AIRE

«El viento somos nosotros, reúne y recuerda todas nuestras voces, luego las envía hablando y contando a través de las hojas y los campos».

Truman Capote, *El arpa de hierba*, 1951

24
PÁJAROS QUE VUELAN

Agua fresca corre por mis venas
nado en tu corriente
mientras el sol me tuesta.
Pájaros que vuelan
regalan libertad a los sueños
para hacerlos realidad.

Báilame en el agua,
en la montaña, en la tierra y en el fuego.
Tu sol se enciende
es Mi Deseo
y alegre estoy cuando veo
que nadas en Mi Corriente de agua
    fresca
que corre por tus venas
mientras el sol te tuesta.

Cabalga princesa de crines
*   desordenadas*
corre salvaje amazona
da tus giros de destellos
y posa tus pies por fin en Mi Tierra
que tu corazón guardaré tibio en Mis
*   Manos*
criatura sagrada, bien Amada.

Pájaros que vuelan
regalan libertad a los sueños
para hacerlos realidad.

Báilame en el agua
en la montaña, en la tierra y en el fuego.

25
MUJER DORADA

Espíritu salvaje canta tu voz y la Mía
sueños de Amor sembré
y ahora florecen bajo Mi Mirada
un soplo tibio de Mis Labios
mueve tus alas.

Sube a la montaña
para que Te acaricie
y con besos robados
dejar Mi Palabra en tus labios.

Vuela, vuela
nada
y baila
ámate

mujer dorada
deja que Me quede en tus labios
    eternamente
para que tu mirada siempre
sea la de una mujer enamorada.

26
INHALO Y TE DEJO ENTRAR

Dame la mano
¿quieres caminar junto a mí?
No hay nadie más
con quien quisiera hacerlo
vivamos el mundo
y descubramos cómo la Vida cambia
cuando estamos juntos
tú y yo
somos una buena combinación
paso a paso
sin mapas que nos guíen
y no me importa
no necesito ir de prisa
para encontrar un lugar
porque a tu lado
todo está bien

sin apuro
ni preocupaciones
mi corazón iluminado
un beso aquí
y un abrazo allí.

Reímos de las cosas tontas
y las pequeñas cosas se convierten en
    maravillosas
mi risa corre salvaje y libre
un nuevo sabor de boca
la mezcla de tus besos
da a todo un sabor dulce.

Inhalo y te dejo entrar
exhalo y te dejo ir.
Permito que nades en mi ser profundo
te gusta
y regresas.

Te dejo entrar
y me preguntas si te puedes quedar
está bien
es amor
y ha llegado para quedarse
de la mano caminamos
y lado a lado nos tumbamos
en la cama
para soñar y desear

que no encontremos nuestro destino
   final
ya que solo queremos caminar de
   la mano
así sin más.

27
TU AMOR EN MÍ...
2007

Hoy vuelves a mí
cuando regresas vuelvo
a caer en cuenta
lo GRANDE que eres
sin Ti mi Vida es un correr
que asfixia mi alma
se desvanecen mis fuerzas
mi energía se desperdicia
mi luz se vuelve sombra
y abrigo la oscuridad
mis alas dejan de volar
apenas Te asomas y Tu calor
enciende mis motores
vuelve mi luz que es lo único
que quiero regalarle a la Vida
no quiero que Te vuelvas a ir

vivir sin Ti es estar muerta en Vida
ciega, enferma, adolorida
me haces reír... no huyo de mi sombra
puedo sentarme frente a ella
y compadecerla... la Vida así es más
    divertida
estalla cada segundo en millones de
    colores
las miradas se posan en mí
y siento que eres Tú, multiplicado en mil
como siempre,
para regalarme el sentir
de Tu Amor puesto en mí.

28
EL AMOR ME HARÁ LIBRE
2010

El amor me hará volar
hacia Ti
y para siempre libre estaré.
Mi corazón cerrado
de tanto dolor anidado
pero hoy bailé
y mis lágrimas sudé
y allí estabas
para sostenerme otra vez.

Abrí la puerta
estabas fuera
queriendo estar a mi lado
y un cálido abrazo
de corazón a corazón
el aliento me devolvió.

Me alimentó el alma
el bailar contigo
mis lagrimas cayeron libres
bañándome con su sabor salado.

Y sentí Tu Amor en mí
me susurraste al oído
ama o si no nunca serás libre.
Aquí estoy
deja que me quede
ya que no hay otro lugar
que Tu Abrazo
para mí.

Abrí la puerta
estabas fuera
queriendo estar a mi lado
y un cálido abrazo
de corazón a corazón
el aliento me devolvió.

29
LAS PALABRAS
NO SE PUEDEN RETORNAR
2010

Mi silencio
Un susurro tibio sofocado
Las palabras no pueden retornar
Lo sé
Un paso hacia lo desconocido
Mientras mi corazón emite sonidos
En mi alma un remolino de viento que
     silba
Mis muslos se calientan
No entiendo por qué.

Una sonrisa, un suspiro
Es profundo
Mas no empinado
Cierro mis ojos
Para encontrar que la melodía distante

Viene de dentro de mí.

¿Tú tienes preguntas?
Yo siento que eres respuestas
Me mantengo en silencio
En esta noche santa
Navidad después de todo.

Mi cuerpo y mi alma se sienten fértiles
Estás avisado
Mi naturaleza femenina ruge dentro y
    fuera de mí
Un eco distante ladra ante mí
Cada una de tus palabras semillas
Como esperma que riega.

Las palabras no pueden retornar
Lo sé
Mi deseo habló y dio
Un paso hacia lo desconocido
Y me doy cuenta de mucho más
Ya que soy una mujer
Que no ha vivido en vano.

Capítulo 5
ALQUIMIA DE LOS ELEMENTOS

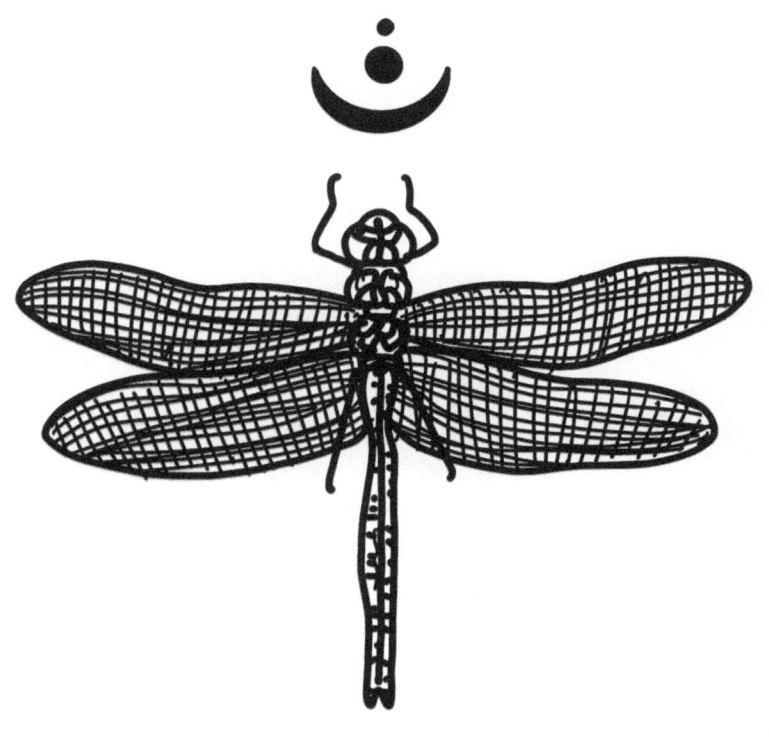

ALQUIMIA

«Eres un alquimista. Haz oro de ti mismo»

William Shakespeare

30
ALQUIMIA

A las sombras hay que
iluminarlas
lavarlas
ventilarlas
enterrarlas e integrarlas.
Con amor, paciencia,
con arte y con apoyo,
aprendes a amarlas y a aceptarlas

31
LA MUJER EN EL ESPEJO

¿Te conozco?
Hoy me cuesta reconocerte
ahí estás tú y aquí estoy yo
me cuesta verte
esquivo tu mirada.
¿De qué huyo?
¿Qué es eso que me muestras?
Es incómodo sentirte tan cerca
¿Qué dice tu mirada acerca de mí?
Me doy cuenta
que llevo tiempo sin mirarte
no sé quién eres
ni qué sientes
siento que me miras con dolor
o ¿será más bien temor?
Estoy aquí

soy yo

no te preocupes

no te voy a juzgar

tengo todo el tiempo del mundo para ti

te prometo que nunca jamás me iré de
    tu lado

siempre he estado aquí

esperaba por ti

necesitaba que me vieras.

¿Por qué te has olvidado de mí?

Solo quiero acompañarte, estar de
    tu lado

siento tristeza, mucha tristeza,

no me había dado cuenta de cuanto te
    extrañaba.

Lo siento realmente

no sé qué pasó

pasó la Vida, pasó rápido

pero hoy dio un giro

me paré frente al espejo

y por fin pude realmente

mirarme para poder mirarte.

32
LA CUEVA

La cuEVA
Es el Útero
Es el espacio que me doy
Para hacer mi alquimia.

Es mi habitación solo para mí
Es mi espacio
Están mis diarios
Dibujos
Mis altares.

La cuEVA
Es mi universo
Están mis oráculos
Mis objetos
Libros

Y cristales.

La cuEVA
Nos llama
Como los santos
Del Himalaya.

Sin cuEVA
No hay renacer
Y por tanto
Una nueva mujer.

Por las etapas de tantas muertes
Y nacimientos
De la que fui
De la que soy
Y la que seré.

Así danza la diosa
Viva en mí
En mi cuEVA
Honro mi camino
Lloro las pérdidas
Y me entrego
Confiando y sabiendo
Que después de la muerte
Hay un renacer
De las piezas que quedaron
Un nuevo territorio.

Es la cuEVA
La que me abraza en el silencio
Las paredes con la memoria
De mi identidad
La tierra fértil de mi creatividad.

Me repliego
Y siento
Asiento
Y descanso.

Descanso en paz
Las partes de mi cuerpo
La mente galopante
Es la cuEVA mi madre
Mi alimento
Y mi sustento.

Allí bailo
Y siento orgasmos
Soy sin miradas externas
Allí soy reina de mí.

De las cuEVAs
Regresarán
Las mujeres antiguas
Que permitirán
Escuchar
El eco de las ancestras.

Dibujarán los mapas
De regreso a casa
No está afuera
Yace adentro.

No más lamentos
Ni actos violentos
Porque violencia es
Esta demencia
De cambiar nuestros cuerpos
Y de no ver
Nuestra alma
realmente al espejo.

Eres río de memorias
Eres la historia de la Tierra
Escrita en cada poro de tu cuerpo
Abre el camino
Date el permiso y el placer
De descubrirte.

No dejes pasar esta oportunidad
De elevar a lo sagrado
De vivir a plenitud
De conocer tu canto
Y de danzar tu alma.

Estamos de paso
Y así atrás quedará

Un libro de tu Vida
En historias
Y en la memoria.

Del árbol que te dio sombra
Y del mar que limpió tus heridas
De la flor que sacó una sonrisa
De tu gemido atrevido.

Abre el camino
Que las de antes no pudieron
Sé valiente
Abre la mente
Vive el presente.

33
MI SIEMBRA

En momentos de incertidumbre
Recuerdo mi siembra
Me devuelve la certeza
De que quien siembra, recoge.

Mis aguas de luna
Entregué con amor y devoción
Todos los meses de 13 años
Fueron mi rezo íntimo contigo.

Tu sabes mis secretos
Mis sueños y lamentos
Tu conoces mi furia
Mi dulzura y mi entrega.

Me llamaste y a ti fui

Te seguí
Te escuché
Te recibí mi gran maestra.

Así me fui sembrando
Me diste la fuerza
La guía
Y la valentía.

Frente al templo de Isis
Entregué las aguas de mi última luna
Quedan ya sembrados en tu vientre
La semilla de la Musa que fui.

En archivos energéticos
Quedan en la memoria de la Tierra
Allí con las piedras
Con las raíces de las palmeras
En las aguas subterráneas
En océanos diversos
Una mujer te ofrendó
Una mujer rezó contigo.

Oh bella Madre Tierra
Una mujer recordó
La instrucción olvidada
Para las mujeres
Que por años han caminado
    desarraigadas.

Y sin saberlo
Me estaba preparando para
Este gran cambio
Un eclipse de mis aguas internas
Un nuevo territorio.

Así me adentro a lo desconocido
Sabiendo que de ti nunca me he ido
Solo un recuerdo
Para no dejar en el olvido
Todo lo vivido.

Semillas que siembras
Brotan seguro
De quien reza
con el corazón puro.

34
VÍCTIMA
2004

Depende cómo lo veas
puedes ser la víctima o el que victimiza
curioso papel
no parece haber grises en este asunto
cambiamos de postura
según nos manipule la memoria.

¿Cómo pude ver un mundo tan hermoso
        y único
y ahora ver más oscuridad
que inclusive antes?
Sé que ahí sigues
me perdí por una razón extraña
prefiero pensar que estás allí pues ya te
        conocí

y tan solo es una cuestión de cambiar
    un chip
de olvidar a los egos
de no desear nada
de desapegarnos y a la vez amar todo...
PERDER EL MIEDO

¿Cómo se hace? No lo sé...
no lo sé, ¡¡¡NO LO SÉ!!!

35
PERDER EL MIEDO
2005

¿Miedo a qué?
¿A que no me quieran?
¿A equivocarme?
¿A pisar en falso?
¿A que se rían de mí?
MEJOR...
¿Miedo a qué?
¿A QUÉ?

Me grito a mi misma, como a veces se le
    habla a la gente que tienes mucha
    confianza
y si aquí la métrica se extiende
y no importa...
porque así lo quiero decir
simple, libre

libre..., ¿cuándo lo encontraré?

Quizás el día que de miedos me libre
miedo, quizás hasta un maestro...
no quiero aprender más de ti
cuando te temo
más me equivoco
más me hundo
más me engancho
más fácil temer
que ser
cuánta culpa te echamos
en vez de crecer...

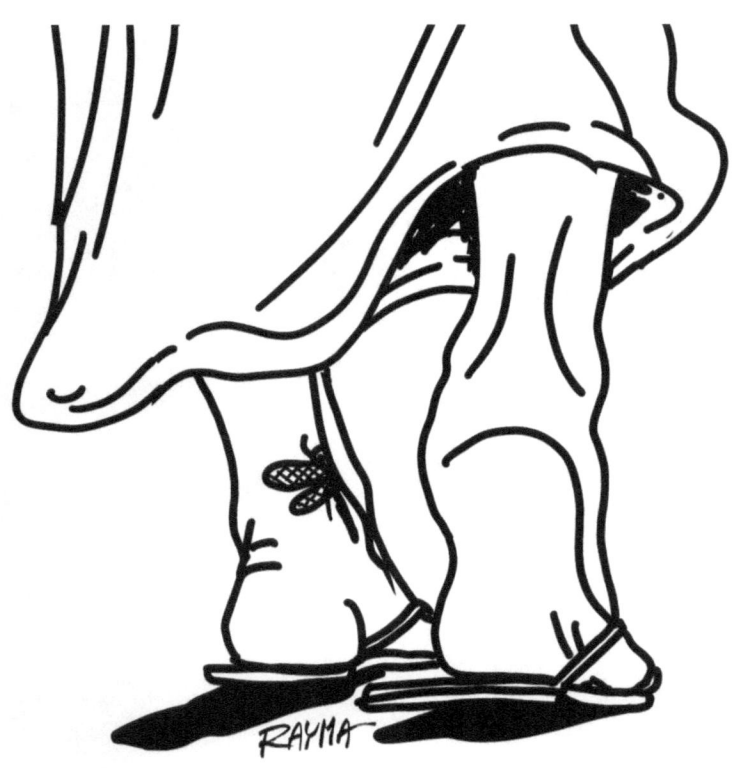

36
A BLANCA ANTES DE PARTIR A LA INDIA
2007

Ay ay ay ay ay...
mirar al este
¿por qué seguir deteniéndome en el
    oeste?
En el ocaso
de mis lamentos
en la llaga de
lo que no puedo remediar.

Desde el ecuador de mi Vida
amo mi pasado
y un baño de calma y sosiego
me anima a seguir viviendo
sabiendo
confiando

amando lo que aún mis manos no
pueden tocar
ni mis brazos abrazar
mucho menos mis labios besar.

Pero allí está un horizonte
dibujado, enmarcado
por donde sale el sol naciente
por donde mis pies consiguen su norte
en un trozo de tierra fértil.
Hay luz, ella me llama
somos iguales
todo en calma.

37
ENRAIZARME
2007

Echar raíces
revindicar
buscar
ENCONTRAR
sembrarme
yo misma
el embrión de mi ser
en suelo de tierra húmeda
fresca
y tibia cuando salga el sol
llena de nutrientes
de agua clara
limpia
pura
consigo ese trozo de tierra

compatible
las siento
quieren brotar
laten
en la planta de mis pies.

38
EL HOMBRE DEPREDADOR
2015

Lo dejas que entre en tu espacio
la mujer instintiva apagada
no escucha los mensajes que te da el
    cuerpo
te avisa
te da señales
que pasan por desapercibidas
en algún lugar de tu psique
quedó la memoria de no ser suficiente
de desconfiar de tus instintos
y dejas una vez más que suceda
le abres el camino fácil
al hombre depredador
el despiadado
ese hombre es tu mayor medicina
él vino a despertarte

con un dolor insoportable
despierta
despierta toda la inteligencia de tu
    territorio salvaje
ese cuerpo maravilloso que
    contiene universos
montañas, ríos,
valles y es capaz de gestar la Vida
despierta la inteligencia de cada una de
    tus ancestras vivas en tus células
eres jaguar
eres pantera
eres la fuerza de la Vida
eres árbol y eres estrella, eres la luna y
    eres el sol
recuerda quién eres.

Capítulo 6
ÉTER (NUEVA TIERRA)

ÉTER

«Estoy convencido de que existen corrientes universales de Pensamiento Divino que hacen vibrar el éter en todas partes y que cualquiera que pueda sentir estas vibraciones está inspirado».

Richard Wagner

39
CARTA PARA MÍ

María Milagros amada:

Hoy tengo mi momento para
    comprometerme con mi Vida y mi
    camino.
Me amaré primero,
aceptaré cada sentimiento,
lo observaré y lo honraré.
Me doy la libertad para ser en todo mi
    esplendor
y mi sombra llevaré
con dignidad y honor.
Mi brillo no opaca el brillo de nadie más,
mi libertad es la libertad del ser,
mi belleza es la belleza del espíritu.
Me veo, me descubro, me acepto,

tomo mi poder.

Camino con mi corazón y con mi verdad.

Me abro a la transformación que viene y
     que vendrá,

me abro al amor y a la abundancia

que nace de mí y se manifiesta.

Tengo permiso para sentir,

para expresarme,

para vivir con máximo placer,

para mimarme y regalarme,

para danzar mi propia danza.

En otra hoja escribe tu compromiso y dilo a ti misma
frente a un espejo.

40
MUJER ORIGINAL

Ella es el impulso

La chispa original

Es el pulso

De la Vida

Es fuego que enciende

Es agua que sana

Es aire que eleva

Es tierra que nutre

Su cuerpo

Territorio misterioso

Ella es la Musa

La original

La huella digital

La matriz

La *mater*

La que mueve

El éxtasis
Que pulsa por las venas del Universo
Pulsos eléctricos
Orgasmos infinitos de placer
Ella es la manzana
Y es quien también se la come
Ella es la Musa sagrada
La que llega al límite de lo conocido
Y abre sus alas al misterio
Se lanza al precipicio sabiendo
Que sólo quien se atreve
Es quien realmente llega
A los confines del Universo
De regreso a casa
Porque Ella es la Musa original
La Eva
La Venus
La Musa de todas las Musas
La flor y el perfume
La semilla
Y el árbol
El fruto y sus retoños
Ella danza los ciclos
Junto a la luna y el sol
Nos trae calor y también frío
Es capaz de desnudar a los árboles
Y cubrir con su manto blanco campos y
    mares
Ella obedece su fluir

Y así la Vida siempre vuelve a latir

Es Ella, es la Musa Original

Es Ella

La dueña del placer y la verdad

Es la gota del rocío

Es la gota de la sangre de las niñas

Es la Madre con su vientre expandido

Es la abuela con su rostro recorrido

Es el deseo y la deseada

Es la amada y la que ama.

41
GESTACIÓN
2007

Belleza

La veo en todas partes
¿qué me quiere decir?

En la rosas
que se dejan ver en primavera
por todo Madrid.

Cada célula de mi cuerpo
vibra con tu perfecta hermosura
un pequeño gran milagro.

Tan frágil y a la vez tan fuerte
desafías las leyes de gravedad
con fuerza, dejas que tu tallo crezca

y rompa el árido terreno
y con energía contenida
vas creando a escondidas
la semilla de la flor a venir.

El capullo se va dejando ver
celosamente guardas tu flor
hasta que sea el día.

Y así llega
cuando ya no puedes contener
la hermosura que llevas dentro
y cedes.

Cedes tranquilamente a mostrarte
no piensas en qué vendrá después
ni tampoco en cuanto te costó llegar allí
es un proceso natural
no temes a que nadie pueda observar
lo que realmente eres
no sientes necesidad
que el mundo entero vea lo hermosa
que sos.

Eres, simplemente eres,
eres y quien esté preparado
sabrá
lo que significas.

Respiras
profunda y lentamente
te liberas
eres
no temes
eres
confías.

42
SOY ARTISTA

Soy artista y amo mis creaciones
ya que son un reflejo de mi propia
 naturaleza
mientras me convierto en amor, amor,
 amor.
Me comparto constantemente
así es mi naturaleza
soy creadora
y me comparto por mis creaciones.
Soy una artista siempre danzando
en los vientos de la creación.
En espiral me envuelvo hacia adentro
para luego dar hacia el Universo.
Yo soy antes de haber nacido
y seré después que me haya ido
una danza entre la Vida y la muerte

ambas presentes
cosas que no puedo controlar
escojo danzar con ellas
en esta rueda de la Vida
esta Vida de ciclos
danzo y me convierto en amor
espiro y muero
sin necesidad de ir a ningún lugar
ya que está en mí
lo negro y lo blanco
el espejo y su reflejo
la luz y la sombra
es solo un momento en el tiempo
como pequeños granos de arena
que traspasan el reloj del tiempo.

Yo me levanto y caigo
como pequeñas migajas
saboreadas una a una
nada es desperdiciado
intención y creación
coexistiendo
frotando uno contra el otro
a veces amorosamente.
Magia se queda pequeña
ante lo que veo y siento
humilde y glorificada desde adentro
mientras hago el amor desde mi corazón
a Todo lo que me rodea

ese todo que eres Tú siempre
    amándome.
Recordándome Tu Danza.

Estamos danzando
¿es que no lo puedes ver?
Bailarina de la noche
bailarina del amanecer
Oh, qué dulce mientras dormías
aquí te veía soñar
admirando mi Creación
oh, cuánto quería danzar contigo
jugar contigo, estar contigo
como un nuevo amante
¿es que no lo ves?
Tú eres mi Amada
Mi Amor, Mi Arte, Mi Creación, Mi
    Admiración de Mi Propio Ser
Cuando te veo sé lo Grandioso que
    Yo Soy
Nada nunca se desperdicia porque Uno
    Somos.

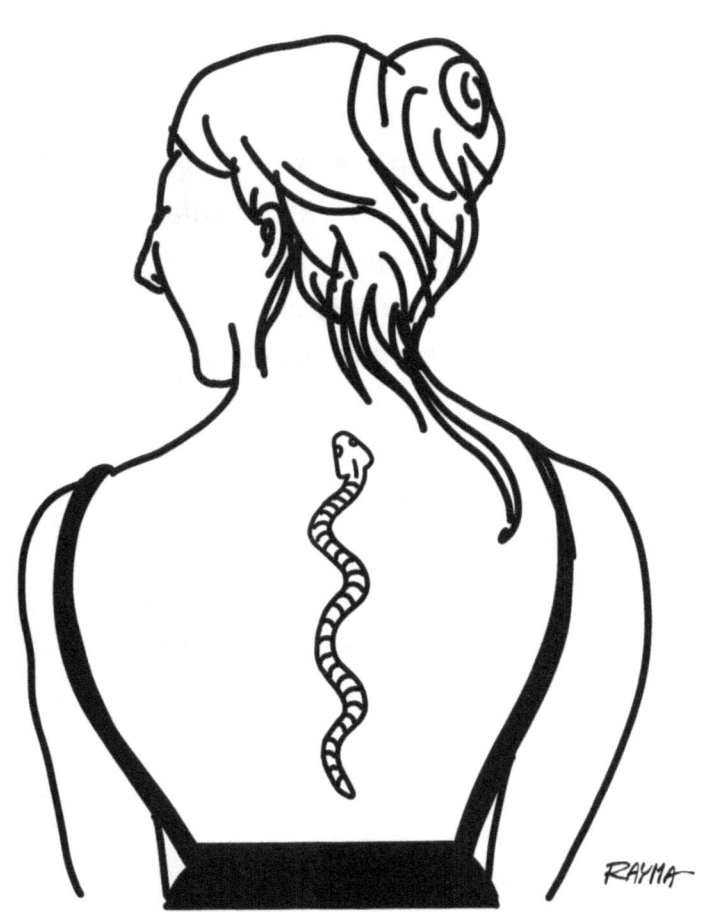

43
SERPIENTE ARCOÍRIS
2020

Renovando va
Renovando está
Déjala estar
Trabajando su magia está
Brotará el amor
Hacia toda la humanidad.

Tu piel mudarás
No hay otro lugar
Y colores brillarán
De tu centro hacia el Universo.

Serpiente arcoíris
Salvando a la humanidad
Sagrada y enviada
Activada deslizando hacia arriba

En busca de la Verdad
Se recibe como reina
Ella viene a entregar
Tu corona
Que dejaste atrás.

44
ARCOÍRIS

¡Qué regresen las lenguas antiguas!
¡Qué suenen los ritmos de ayer!
Despierta ya la memoria de nuestra
    verdadera historia
para formar la nueva Tierra
en donde cuidar de la Vida será lo
    primero
para retornar al verdadero bienestar.
Nación arcoíris
vuelven los valores de amor, amistad y
    hermandad
Regresa arcoíris a brillar en la ciudad.

Capítulo 7
RELATO

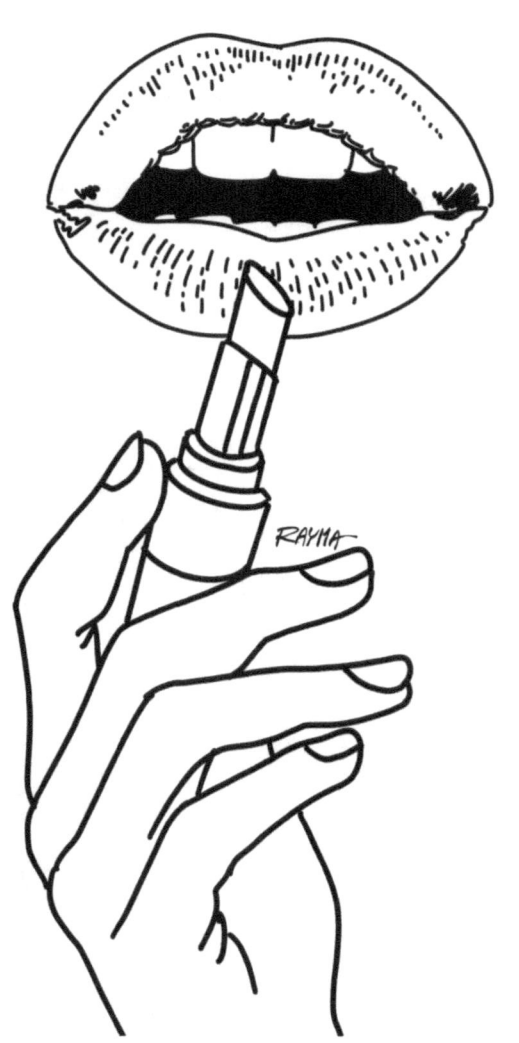

45
LA TRIBU DE LAS MUJERES DE LOS LABIOS ROJOS

2009

Reconocerme...

Cada mañana se levantaba con una nueva tarea que hacer, un nuevo día al que hacerle cara y muchas veces no había fuerzas, le pesaba tanto el cuerpo y el alma. Tantas luchas que librar, tan solo por querer ser un poco más libre y auténtica. Esa mañana su cuerpo sentía como si hubiese cruzado el atlántico nadando y a contra corriente.

Pero un día más amanecía y sabía que el darse por vencida no era la solución. Se miró al espejo pero no se reconoció. Ella misma pasaba desapercibida por su propia mirada.

Se metió en la ducha a pesar de que sus fuerzas mermaban y todo el cuerpo le pedía irse a la cama.

Respiró, dejó que el agua se llevara el cansancio, estiró su cuello, perfumó su delicado cuerpo con el jabón de jazmín y luego lo recorrió con sus manos húmedas de crema del mismo aroma, que le habían regalado para su cumpleaños.

Un ritual de limpieza y de belleza, de reconectarse, de sacar brillo a eso que siempre había estado allí: su belleza natural. Puso una música alegre y danzarina de mujeres entonando canciones de distintas partes del mundo.

Se miró al espejo, cogió su maquillaje para animarse un poco pues no le gustaba recargarse mucho. Logró con naturalidad resaltar su mirada con un lápiz marrón chocolate y sus dulces ojos azules parecían el mar en el horizonte de las dunas del desierto, de la sequedad de la dureza de la Vida cotidiana que venía exprimiendo sus fuerzas.

En el fondo de la bolsa de maquillaje descubrió su lápiz labial rojo; se había olvidado que lo tenía. Algo nuevo surgió en su interior y sintió como un chispazo de energía que le recorrió el cuerpo, desde el vientre hasta la frente.

Se sonrió, como si fuese a realizar una travesura. Llenó el pincel de esa pintura roja, espesa y brillante y empezó a dibujar el contorno de sus labios. Con sutileza, iba descubriendo lo sensual de su boca, parecía una fruta madura, labios gruesos, carnosos, en ausencia de besos, pensó. Cada pincelada un nuevo sabor, desconocido pero sabroso. Sus dientes relucían blancos perlados, se mordió la comisura de los labios y dejó escapar un suspiro.

Los humedeció con su propia lengua, los recorrió disfrutando de su propio calor y tacto. Sus ojos empezaron a buscar el propio cuerpo que los sostenía. Se fueron a los pies y así fue subiendo la mirada por todo su territorio. Admiró sus piernas fuertes, caderas anchas, vientre plano y pechos pequeños, brazos bien proporcionados, una extensión de unas manos deseosas de abrirse a la Vida y hombros esbeltos y redondos.

Se vio a sí misma bella. En un momento su atención se desvió a la celulitis de sus piernas y a las arrugas del cuello y pensó: "Estoy envejeciendo y solo tengo 35 años, la Vida me está pasando por enfrente". Pero no quiso juzgarse ni sentir lástima por ella misma, quería estar bien y ahora que se sentía con la energía renovada, nada negativo podía arrebatarle de las manos el territorio preciado reconquistado de su psique.

Cogió del armario un vestido que aún no se había estrenado, lo tenía guardado para una ocasión especial. Decidió que hoy era especial, había logrado salir del aletargamiento. Los labios rojos la animaban, como si le hablaran en una lengua de sabiduría ancestral y le dijeran: mujeres, fuerza, energía, belleza, dulzura, camina con la cabeza en alto, celébrate y despliega tu esencia perfumando tu caminar.

Se acercó para darse un último retoque, mientras sus ojos parecieron desenfocarse regalándole una visión. Allí estaba frente a ella un rostro femenino cambiante, primero una mujer anciana, luego una mujer joven y una niña. Todas sonreían y la miraban fijamente. Todas llevaban los labios rojos y se comunicaban con su mirada: "somos tú y tú eres nosotras, cada vez que te sientas lejos de ti misma, solo pinta tus labios rojos. Nosotras existimos dentro de ti y queremos vivir y expresarnos. Te llevamos acompañando desde siempre y para siempre, somos tus tres esencias femeninas, tus tres guías. Yo, la anciana soy tu mujer sabia y madura. Yo, la mujer joven, soy la expresión de la belleza femenina, de la fertilidad y la creatividad. Y yo soy tu parte inocente, pura y juguetona", dijo la niña.

En un abrir y cerrar de ojos, volvió a mirarse bien en el espejo, pensando que estaba teniendo algún tipo de alucinación o que se estaba volviendo loca. Y volvió su propio reflejo, sus ojos brillaban como hacía tiempo no los veía. Respiró profundamente y mirando fijamente al centro de sus pupilas, le salieron de sus labios rojos y carnosos las siguientes palabras: "Bienvenida a la tribu de las mujeres siendo la mujer que eres y la mujer que somos, hoy unidas por los labios rojos. Bienvenida al centro de ti misma."

En ese mismo momento entendió que nunca había estado sola ni lo volvería a sentir. Porque todas las mujeres caminamos unidas por un hilo invisible y cuando nos pintamos los labios rojos, nuestra voz sale más fuerte y clara hacia adentro y hacia afuera.

Rojo, me pinto los labios rojos
Reivindico
Me uno a todas
En un acto silencioso
Tribu de los labios rojos
Una sola canción
Mi lengua los recorre
Como si fuera una naranja dulce,
Rojo, le da fuerza para entonar,
Hablar y orar
Para decir su propia verdad
Labios rojos: una evolución
Hacia mi ser interior
Tribu de los labios rojos
Una sola fuerza
Pétalos de cayena
Preñados de verdad.

EPÍLOGO

Sin las letras me hubiese ahogado en alta mar; llegué a tierra firme y ya desde aquí puedo mirar hacia atrás. Veo con perspectiva este intenso caminar que me tocó andar. Esta colección de poemas y cantos se fueron escribiendo a lo largo de varios años, específicamente en un período de 19 años entre el 2004-2023. Mi Vida durante esos años transcurrió entre tres ciudades que han sido mis tres madres: Caracas, *Miami* y Madrid.

Muchos escritos naufragaron entre tantas mudanzas, ires y venires, pero logré recopilar estos que les comparto en este libro. Con mucho amor les abrí un espacio sagrado de mi alma. Es cierto que solo una colección de poemas no puede resumir ni darte una apertura a lo que soy y ha sido mi Vida, pero sí te da algunas pinceladas. Me comparto de esta manera para dejar un legado, unas luces en el camino que puedan llegar algún día a otras personas y servirles de farolito en su caminar.

Algo que pude observar es como la Tierra ha sido mi gran refugio, en ella me he sentido acunada, sostenida y guiada. He pasado épocas en mi Vida en donde no tenía una casa y al releer todos los poemas puedo ver esa inmensa necesidad, ese clamor llamando a mi Madre para que me apoyara.

En el 2006 tuve una experiencia mística con la Madre Tierra, donde ella me mostró cómo respiraba como un ser vivo. Yo en ese entonces estaba en Madrid atravesando la noche oscura del alma, estaba sin casa y vivía en una casita que me habían prestado a las afueras de la ciudad. Una tarde sentada en el jardín vi con mis propios ojos como la Tierra se expandía como un gran pulmón en su respirar. Desde ese día supe que no estaba sola y que ella me acompañaba.

En el 2009 recibí una bendición del Útero de Miranda Gray, que marcó también un antes y un después en mi Vida y abrió un camino de sanar memorias de mis ancestras y del consciente colectivo de mujeres. Es como si hubiese accedido al archivo de las memorias uterinas de todas las mujeres. Eso por supuesto no sucedió de inmediato, pero a lo largo de 14 años se fue abriendo ese portal y fui no solo sanando mi propia historia, sino también apoyando a muchas mujeres en sus procesos de regresar a ellas mismas.

En el 2011 regresé a vivir a *Miami* y desde entonces he estado recibiendo instrucción espiritual muy profunda, que he ido compartiendo en mis programas dedicados a mujeres –*Activa tu Musa, Renacer Mujer y otros*– en mis mentorías personalizadas, retiros y en los círculos de mujeres.

Con esto quiero decirte que todos estamos en un camino de trascendencia en un momento de la historia de la Tierra en donde hay grandes cambios. El cambio más importante de todos considero que es la gran oportunidad que tenemos de tener un verdadero despertar espiritual. Las mujeres somos las llamadas a liderar esta nueva era por nuestras capacidades espirituales. Nosotras empezaremos y desde ese centro vital que somos en la sociedad, en los hogares, en los trabajos y colegios, vamos a ir irradiando ese fluido de consciencia espiritual sumamente importante para la Vida aquí en la Tierra.

Espero que estos poemas, canciones y cuentos viajen y lleguen a los corazones que puedan inspirar e iluminar. Especialmente deseo que los lleven a despertar al inmenso amor de Dios Padre y de la Gran Madre que viven dentro de ti.

Algunos de estos poemas eran canciones de amor que me susurraba Dios a mi corazón. Así mismo los sentí como por ejemplo: Mujer Dorada, o el final de Soy Artista, Pájaros que Vuelan o Jardín del Edén. También están mis llamados a Dios, como lo escribí en el poema Tu Amor en Mí.

Cada escrito tiene una historia detrás, los cantos son rezos canalizados. Cuando recibí el Jardín del Edén estábamos en pandemia de Covid y de todos modos decidimos hacer un círculo de mujeres porque necesitábamos sentir el contacto y el compartir entre hermanas de la Vida. Una de las mujeres lloraba profundamente con un gran sentimiento porque extrañaba ir al parque con sus hijos y jugar con otros niños y otras madres.

En el caso de Mujeres Quemadas fue una conexión espiritual con el alma de esas mujeres. Hoy ellas existen en otro plano espiritual y moran como una sola alma en el Sol y desde allí asisten a la humanidad.

Ese Dios del que les hablo es una experiencia muy personal que he vivido, de varias experiencias místicas, de cambios de consciencia que empezaron a suceder en el 2001. Dios nos habla y nos escucha, es nuestra consciencia o supraconsciencia que nunca dejó de estar unida con la fuente Divina.

Quiero decirte que confíes plenamente en esa intuición y guía. El camino no se hace sola pero habrá momentos que sí necesites pasar tiempo contigo. Y confía que llegarán a ti las personas que estás destinada a encontrarte y no dudes nunca jamás del poder de tus palabras y de tu intención. Eleva tu rezo al Corazón del Cielo, al Corazón de la Tierra, a tus ancestros y pide guía, porque el Cielo y la Tierra siempre nos escuchan.

María Milagros
Miami, 3 de mayo 2023

ACERCA DEL RITO DEL ÚTERO DEL MUNAY KI

Este rito nació durante una ceremonia en la selva de Perú en el 2012 y fue recibido por Marcela Lobos, una chamana y autora chilena. Ella nos cuenta que durante una ceremonia con la planta maestra Ayahuasca, conectó astralmente con un grupo de mujeres que ya están en otro plano de existencia y le dieron este rito para que lo compartiera con todas las mujeres.

Yo lo recibí en el año 2013 por medio de Maileokalani Urrutia quien estuvo en esa ceremonia en Perú y lo he entregado a cientos de mujeres. Siento que este rito es muy importante porque ayuda a eliminar memorias y energías que llevamos acumuladas en nuestro Útero, tanto de nuestras vivencias como de las ancestras de nuestro linaje femenino de nuestra Madre.

. . .

Este rito forma parte de los 10 ritos de iniciación chamánica Munay Ki (semillas de luz que nos legaron los ancestros y guardianes de la sabiduría para estos tiempos). Una vez que lo recibes, puedes darlo a otras mujeres.

*Puedes recibirlo en línea o en persona en mis sesiones personales o grupales. También puedes buscar en el directorio una guardiana del rito que viva cerca de ti: theriteofthewomb.com/directory-of-practitioners

GLOSARIO CANCIÓN MUSA

Busca tu felicidad

en tu autenticidad: para esto hay que conocerse y aceptarse, uno no llega a su verdadera autenticidad si no va para adentro, si no ha sabido estar en el silencio.

Baila como diosa sagrada: bailar auténticamente tu propia danza, no para los demás, sino para ti... tu danza única, porque naciste con un propósito, tú eres única y eso que te diferencia es lo que el mundo necesita. Eres sagrada, Dios te hizo mujer creadora, la danza nace de la alegría cuando te has liberado... la danza de inmediato te lleva a un estado de libertad, éxtasis y gozo. La danza se convierte en tu oración.

Bajo la luna plateada: la mujer, como la luna, es cíclica, cambiante, nunca somos la misma. Conecta con tus ciclos menstruales, para acceder a un nuevo entendimiento de que es ser Mujer.

Recupera tu cuerpo: cuídalo y conecta con la sabiduría de tu propio cuerpo. El cuerpo es tu verdadera casa y vehículo para que tu espíritu viva esta experiencia humana.

Cuídalo como un templo: mejora tu alimentación, la verdadera nutrición para tu salud.

Disfruta de tu sensualidad: regresa a la sensualidad, lo hermoso de la sensualidad es que allí reside la ESENCIA DE LA MUJER... y no importa la edad que tengas. La sensualidad es el cosquilleo de la Vida, del placer sexual unido al amor propio. Lo que uno ama no lo regala o desperdicia... uno lo cuida, lo administra, lo va saboreando poco a poco... la sensualidad está asociada a la sexualidad pero no es lo mismo.

Activa tu creatividad: somos seres creativos... El camino de la creatividad es el camino del artista, es el camino del autodescubrimiento. Una vez que te descubres, cada vez que se sana una parte de ti, estás recuperando energía creativa. Te liberas de las cargas emocionales, del pasado y se abre un espacio en tu mente y en tu alma y cuerpo para crear. Dale una salida a esa creatividad de la que ya eres dueña, tú más que nadie, mujer que eres co-creadora de la Vida.

reconócete: ¿Quién eres realmente? ¿De dónde vienes y a dónde vas? Date un tiempo para reflexionar, sal del trajín del día a día y pregúntate estas simples pero profundas preguntas que te llevarán a buscar las respuestas dentro de ti.

ámate: ¿Qué es amarse? ¿Qué es el amor? ¿Cómo me puedo amar a mí misma? Redefinir el amor de pareja. ¿Cómo puedo amar a otros si no me amo a mí misma?. El amor propio está asociado con el valor. Para valorarnos tenemos que saber quienes somos, conectar con nuestra espiritualidad que está unida a Dios. Allí recibimos abundante amor y luz que nos proporciona entendimiento. Cuando uno conecta a nivel espiritual uno obtiene un entendimiento que no se consigue por medio del intelecto solamente. Es con la luz Divina que se une al intelecto que podemos acceder a una supra conciencia, que sería algo así como un almacenamiento de la información completa. Sin esto solo accedemos a una parte de la información.

libérate: hay ideas que nos hemos hecho de nosotras mismas erróneas por cosas que nos pasaron en el pasado, cosas que nos dijeron nuestros padres, karma, acciones del pasado que nosotras mismas creamos. Es necesario perdonarnos, reconocer en dónde nos hemos equivocado, enmendar los daños y no seguir cargando con culpa por lo que hiciste o no hiciste... No hay tiempo que perder, el tiempo es ahora, ahora mismo puedes decidir dejar atrás lo que no sirvió. Actualízate, haz un «reset» a tu disco duro.

deja atrás todo dolor: el pasado ya está, no puedes cambiarlo pero sí puedes cambiar cómo te relacionas con él, mira hacia atrás... viajar en el tiempo sí es posible, con tu imaginación visita esos momentos no tan gratos, observa y aprende la lección... luego con mucho amor, suelta y sigue tu camino.... más ligera, más libre.

ábrete al amor: existe este amor, es infinito y espera por ti. No busques el amor en los demás... primero debes buscar el amor a Dios y a ti misma por medio de Dios. Ese amor está basado en la confianza, en la fe y en la certeza de que todo va a estar bien. Si le entregas a Dios todo y le amas, Él te responde. El amor de Dios está presente, para que pueda entrar en ti tienes que abrirte a recibirlo. El amor de Dios siempre está fluyendo hacia ti, pero el problema radica que no nos abrimos a Él. Si nos abrimos, entonces podemos recibirlo. Debemos prepararnos para recibirlo. Todo este camino que te planteo, es el camino del amor, el camino de abrirse para recibirlo.

Sube tu vibración: escucha música que te alegre, baila, come sano, respira, mira programas de TV bonitos, películas que te inspiren, pasea en la naturaleza, canta mientras cocinas, camina descalza, vuelve a ser niña, reza, pídele a Dios, respira, medita, haz ejercicio, ayuda a otros...

Que llega una nueva visión: vamos a estar abiertas a nuevos caminos, a nuevas realidades en lo social, en lo familiar, en lo laboral... si seguimos anclados a las tradiciones no podremos explorar nuevas realidades que ya están disponibles cuando uno camina de la mano con la creatividad y surgen nuevas propuestas que en definitiva van más acorde con nuestra nueva realidad de mujer despierta.

ACERCA DE LA AUTORA

María Milagros es experta en trabajar con mujeres que buscan una transformación en sus Vidas. Ha ayudado a cientos de mujeres a nivel internacional a reencontrarse con ellas mismas, empoderarse, sanar y vivir una Vida plena.

Por más de 20 años ha caminado el sendero espiritual y ha incursionado en estudios de yoga, meditación, teatro terapéutico, medicina natural y energética, danza, círculos de mujeres y chamanismo. Las diferentes experiencias místicas que vivió la llevaron a un cambio de consciencia, que son las bases de lo que ofrece hoy a todas las mujeres. En palabras de María Milagros «el chamanismo es el camino de los pueblos originarios para entender el Universo y la ley de las relaciones. Esta forma de Vida nos lleva de vuelta a vivir en armonía con la Tierra y con todas nuestras relaciones».

María Milagros es creadora de los programas en línea *Activa tu Musa*, el *Jardín de La Musa* y *Renacer Mujer*, que ofrece en inglés y castellano desde el 2019.

También ofrece mentorías personalizadas, en persona o a distancia, y peregrinajes espirituales a distintos lugares del mundo. María es herbalista de afición, ama pasar tiempo en la naturaleza, caminar, leer, cocinar y bailar.

Desde pequeña estuvo involucrada en las artes escénicas, teatro, danza, canto y escritura. Además de su formación artística, trabajó por 20 años en las industrias creativas como productora y representante de talento artístico. Y aunque pudiera decirse que es una "Vida pasada", María Milagros continúa combinando el arte con el camino de sanación y el despertar de la consciencia.

Miembro fundadora del Salón de Escritoras Latinoamericanas 2023 de Miami, Florida. Participante de los Foros Literarios 2015-2020 de Fefi TeVe en Books & Books, Miami. Participante de los Encuentros Literarios 2023 en URBE University, Florida.

Puedes conocer más acerca de la autora visitando su sitio web mariamilagros.soy

www.ingramcontent.com/pod-product-compliance
Lightning Source LLC
Chambersburg PA
CBHW050847150626
46549CB00012B/400